COMPRENDRE
LA LITTÉRATURE

MIXTE
Papier issu de sources responsables
Paper from responsible sources
FSC® C105338

GEORGE SAND

François le Champi

Étude de l'œuvre

© Comprendre la littérature, 2020.

1 rue Honoré - 93500 Pantin.

ISBN 978-2-7593-0475-2

Dépôt légal : Juin 2020

Impression Books on Demand GmbH

In de Tarpen 42

22848 Norderstedt, Allemagne

SOMMAIRE

- Biographie de George Sand.. 9

- Présentation de *François le Champi*......................... 15

- Résumé du roman... 19

- Les raisons du succès... 31

- Les thèmes principaux.. 37

- Étude du mouvement littéraire................................... 49

- Dans la même collection... 53

BIOGRAPHIE

GEORGE SAND

Amandine-Aurore-Lucile Dupin naît le 1ᵉʳ juillet 1804 à Paris. Elle est la fille de Maurice Dupin de Francueil et d'Antoinette-Sophie-Victoire Delaborde. Militaire, Maurice Dupin doit partir en Espagne, il est suivi par son épouse et sa fille.

Profitant d'un congé, la famille se rend ensuite à Nohant où vit la mère de Maurice Dupin, Marie-Aurore Dupin née de Saxe. Maurice Dupin décède lors d'une chute de cheval. Sophie-Victoire rentre seule à Paris, laissant Aurore à Nohant. Elle vient la voir chaque été, mais elle finit par abandonner la tutelle de l'enfant à sa belle-mère.

En 1817, Aurore fait sa première communion. Sa grand-mère l'envoie au couvent des Augustines Anglaises afin de compléter son éducation et de lui permettre de faire un beau mariage. Aurore va alors connaître une crise mystique. Trois ans après, la jeune fille est de retour au domaine familial qu'elle apprend à gérer, tout en veillant sur sa grand-mère paralysée. Cette dernière meurt en décembre 1821.

Encore mineure, la tutelle de la jeune fille est confiée à René de Villeneuve, selon les volontés de sa grand-mère. Aurore rejoint néanmoins sa mère à Paris. Elle rencontre le baron François-Casimir Dudevant qu'elle épouse en 1822. Ils partent vivre à Nohant. Maurice naît un an plus tard. Le mariage s'avère rapidement malheureux. Le couple voyage beaucoup et c'est dans les Pyrénées qu'a lieu la rencontre avec Aurélien de Sèze, jeune substitut. Aurore entretient avec lui une relation passionnée mais platonique, de 1825 à 1830.

Casimir s'avérant incapable de gérer le domaine, Aurore doit s'en occuper seule. Elle se crée un cercle de connaissances et devient en 1827 la maîtresse d'un de ses amis, Stéphane Ajasson de Grandsagne. Un an plus tard naît Solange, que l'on prétend être la fille de l'amant et non du mari. Le couple continue cependant de voyager. En 1829, Aurore écrit son premier roman *Le Voyage chez Blaise*, qu'elle ne fera publier qu'en 1877.

En 1830, elle entame une liaison avec Jules Sandeau qu'elle finira par rejoindre à Paris, laissant époux et enfants à Nohant. Sa vie en tant qu'écrivain débute alors. Elle se met d'abord sous la protection du directeur du *Figaro*, Henri de Latouche. Elle travaille également avec son amant à l'écriture d'une nouvelle, *La Prima-Donna* et de deux romans, *Le Commissionnaire* et *Rose et Blanche*. Mais ils ne sont signés que du pseudonyme Jules Sand ou J.S. Deux ans plus tard, Aurore écrit seule son premier roman, *Indiana*, sous le pseudonyme de George S. Dans la même année, elle peaufine ce pseudonyme avec la publication de *Valentine*, écrit par George Sand. Adopter un pseudonyme puis des vêtements masculins lui permettent plus facilement de publier et de se rendre dans des lieux culturels.

Elle commence une collaboration avec François Buloz qui dirige *La Revue des deux mondes* pendant quarante ans. Les plus grands écrivains de l'époque participent à ce projet, Victor Hugo, Honoré de Balzac, Alfred de Vigny, Alfred de Musset... George Sand se fait ainsi une place en tant qu'auteur et peut commencer à vivre de sa plume.

Elle rompt en mars 1933 avec Jules Sandeau. Dans la même année, elle publie *Lélia*. Côté relation, elle rencontre Marie Dorval, puis Prosper Mérimée, mais c'est avec Alfred de Musset que débute une véritable histoire passionnée. Les deux amants se rendent à Venise après quelques mois de liaison mais George Sand tombe malade. Alfred de Musset est souffrant à son tour et son médecin, Pietro Pagello, devient l'amant de George Sand. Alors que Musset rentre à Paris, George Sand demeure plus longtemps en Italie et écrit quelques romans notamment *Leone Leoni* et envoie des *Lettres de voyageur* à la revue de François Buloz. La relation avec Pagello est brève, et George Sand renoue avec Musset. Or leur liaison est houleuse, destructrice, ils rompent définitivement en mars 1835. Vingt-quatre ans plus tard, George Sand écrira des romans sur leur relation sous le titre *Elle et lui*.

De retour à Nohant, elle devient la maîtresse de l'avocat Michel de Bourges. Il la pousse à s'intéresser à la politique et s'occupe même de son divorce, procédure entamée par George Sand elle-même. Mais leur histoire se termine un an après. Elle se console avec Charles Didier, puis le précepteur de son fils Maurice, Félicien Mallefille. Ensuite, sa brève liaison avec l'acteur Pierre Bocage aboutit à une forte amitié.

Sophie-Victoire Dudevant meurt en 1836. George Sand continue d'écrire des romans. Deux ans après naît sa liaison avec le compositeur Frédéric Chopin, qui va durer neuf ans. En 1840, George Sand écrit sa première pièce de théâtre, *Cosima*, représentée au Théâtre-Français à Paris mais sans grand succès. Elle travaille de nouveau à l'écriture de pièces de théâtre de 1849 à 1870.

George Sand rompt le contrat avec François Buloz. Ce dernier a refusé de publier *Le Compagnon du tour de France*. Elle lance alors la publication d'une autre revue, *La Revue Indépendante* avec Pierre Leroux, penseur socialiste mais pour cause de soucis économiques, elle ne dure que deux ans. Ils dirigent par la suite deux autres revues, *L'Éditeur de l'Indre* puis *La Revue Sociale*.

En 1846, afin de s'occuper pendant l'hiver, George Sand, ses enfants Maurice et Solange, Fernand de Preaulx qui est fiancé à Solange, et quelques amis, font des représentations théâtrales dans le domaine familial. Solange, qui entretient une relation conflictuelle avec sa mère, finit par épouser Jean-Baptiste Clésinger. Ce mariage entraîne la rupture de George Sand avec Frédéric Chopin. Dans la même année, George

Sand écrit son premier roman champêtre, *La Mare au diable*.

En plus de romans, George Sand commence à écrire son autobiographie, *L'Histoire de ma vie*. Elle s'implique également de plus en plus dans la politique. Cet engagement est des plus flagrants en 1848 lors de la Commune. Elle finit cependant par se compromettre et rentre à Nohant. Dans la même année naît sa première petite-fille, Jeanne-Gabrielle, qui meurt quelques mois après. Solange aura une seconde fille du même nom.

Elle se tourne de nouveau vers le théâtre. En 1850 débute sa liaison avec Alexandre Manceau, un graveur et un ami de son fils Maurice. Leur histoire va durer jusqu'à la mort de Manceau, en 1865.

Solange se sépare de son époux en 1854. Leur fille cadette décède un an après. En 1858, George Sand se réconcilie avec François Buloz et s'engage de nouveau dans l'écriture de la revue. Gravement malade en 1860, elle part en convalescence avec son amant dans l'année qui suit. Maurice épouse Lina Calamatta en 1862 et a trois enfants. Marc-Antoine qui meurt à l'âge d'un an, Jeanne-Lucile Gabrielle et Jeanne-Claudine Aurore.

George Sand entame une correspondance avec Gustave Flaubert en 1863. Elle séjournera chez lui à deux reprises. George Sand continue de voyager avec Manceau, en Normandie, en Champagne, dans les Ardennes. Elle continue également de recevoir.

Casimir Dudevant décède en 1871. Malgré ses problèmes de santé, George Sand continuera d'écrire pour *La Revue des deux mondes* jusqu'en 1875, un an avant sa mort : *Marquis de Villemer*, *Tamaris*, *Confession d'une jeune fille*, *Dernier Amour*, etc.

George Sand meurt en 1876 à l'âge de soixante-douze ans.

PRÉSENTATION DE FRANÇOIS LE CHAMPI

Le 17 octobre 1847, George Sand envoie le manuscrit de *François le Champi* à un éditeur connu à l'époque, Pierre-Jules Hetzel. Ce dernier le vend à Hector Berlioz, directeur du *Journal des débats*. Le 31 décembre paraît le premier feuilleton de *François le Champi*. Au début, le roman ne comporte que treize chapitres, incluant l'avant-propos. Les douze premiers chapitres paraissent donc chacun leur tour jusqu'au 2 février 1848 avant que ne soit interrompue la publication, interruption due à l'événement de la Commune. Le dernier feuilleton ne paraît que le 12 mars 1848.

François le Champi paraît ensuite pour la première fois sous forme de roman chez l'éditeur Alphonse-Nicolas Lebègue en 1848, à Bruxelles. Alphonse-Nicolas Lebègue est d'origine française et a fondé sa propre maison d'édition, réputée à l'époque, A-N. Lebègue, en Belgique. Le roman comporte toujours treize chapitres.

Il sera édité ensuite aux éditions françaises Alexandre Cadot en 1850 mais sera pourvu de vingt-cinq chapitres. Il sera ensuite édité chez Pierre-Jules Hetzel en 1852. En 1853, toujours chez le même éditeur, l'édition sort en version illustrée par Tony Johannot et Maurice Sand, fils de l'auteur. *François le Champi* compte parmi les premiers volumes édités en 1855 par la librairie Hachette.

Les thèmes principaux de *François le Champi* sont la religion et les personnages féminins, deux thèmes liés car la personnalité de la femme apparaît à travers ses croyances.

RÉSUMÉ DU ROMAN

Avant-propos

Le narrateur se promène avec un ami, R. L'ambiance leur permet d'aborder un sujet important : la compréhension entre l'homme et la nature. L'homme dit primitif par sa simplicité, sa méconnaissance de l'art, peut contempler la nature et la comprendre. Le narrateur veut essayer de retranscrire cette simplicité à travers le récit. On apprend qu'ils ont écouté la veille le récit d'un chanvreur et de la servante d'un curé. Les deux hommes s'engagent à retranscrire le récit le plus fidèlement possible.

Chapitre 1

En allant laver son linge au lavoir, la jeune meunière Madeleine Blanchet trouve un enfant sur la place. Ce dernier, très naïf dans ses propos, l'émeut, surtout lorsqu'elle apprend son identité, François le Champi, enfant trouvé. Jeune mère, elle tient à aider François et s'engage ainsi, envers la mère adoptive dite la Zabelle, à les aider à se nourrir dans le plus grand secret. En effet, son époux Cadet Blanchet et sa belle-mère sont avares. Malgré les soupçons de celle-ci, le stratagème va fonctionner pendant deux ans. Cependant, un soir, l'époux, de mauvaise humeur, découvre l'affaire.

Chapitre 2

Le mariage de Madeleine et Cadet tourne au vinaigre. La belle-mère ne fait rien pour arranger les choses. Madeleine ne se plaint pas, décidée à élever son enfant et à continuer de s'occuper du Champi. Mais son époux s'oppose à l'aide apportée à la Zabelle et à François et sa mère dissuade la Zabelle d'emmener l'enfant à l'hospice. Décision difficile pour la femme qui essaie de l'emmener loin, en vain, tout crédule qu'il est, il a peur et s'enfuit.

Chapitre 3

Embarrassée, la Zabelle s'en tient cependant à sa décision : emmener François à l'hospice. Il se débat encore et est sauvé grâce à l'arrivée de Madeleine. Les deux femmes pleurent, l'enfant supplie l'une comme l'autre de le garder. Madeleine s'engage à le garder, à devenir sa mère et remet à la Zabelle l'argent qu'elle vient de gagner, afin d'éviter toutes représailles pour cette femme. D'émotion, François s'évanouit.

Chapitre 4

La Zabelle, qui n'est au fond pas une mauvaise femme, décide de revenir avec François malgré les risques. La belle-mère de Madeleine meurt avant d'avoir pu avertir son fils qu'elle pensait avoir réussi à faire abandonner le Champi. Cadet se laisse aller à une vie de plus en plus dissolue. Madeleine peut ainsi se consacrer à son fils, Jeannie et au Champi. Celui-ci apprend le catéchisme et aide comme domestique au moulin. Il est aimé et loué de tous. La Zabelle meurt. Madeleine considère de plus en plus François comme son fils.

Chapitre 5

Les gestes d'affection entre Madeleine et François, adolescent de douze ans, finissent par interpeller Catherine, la servante, qui leur en fait la remarque. François ne comprend d'abord pas. Il s'exprime de plus en plus, manifestant beaucoup de reconnaissance envers Madeleine.

Chapitre 6

François n'est pas malheureux comme beaucoup de champis à l'époque. Aimé d'abord par la Zabelle puis par Madeleine, il est dépourvu de malice mais évite tout geste affectueux envers Madeleine. Il continue cependant de travailler pour elle avec bonheur et ils se rapprochent de plus en plus de par leur amour pour la lecture.

Chapitre 7

Cadet fait confiance à sa femme, qui est économe et sage. Généreuse, elle s'occupe des autres avant elle-même. François s'aperçoit qu'elle s'affaiblit de jour en jour. De peur de la perdre, il refuse qu'elle lui paye quoi que ce soit et l'assure de son affection et de sa reconnaissance. Le Champi a dix-sept ans et commence à susciter l'intérêt féminin, notamment celui de la maîtresse de Cadet, madame Sévère. Pendant une foire, elle s'arrange pour laisser son amant complètement ivre et se faire raccompagner par François à cheval.

Chapitre 8

Durant le trajet, madame Sévère tente de séduire le jeune homme par ses propos. Malgré quelques tentatives, elle ne réussit pas car il demeure distant, sourd à toute parole. Un fois arrivés chez elle, elle veut le faire rester mais il s'en va, pressé de retrouver Madeleine.

Chapitre 9

Vexée par le comportement de François à son égard, madame Sévère décide de se venger. Auprès de Cadet, elle prétend avoir subi des avances de la part du jeune homme et donne aussi l'idée qu'il pourrait se comporter de la même manière envers Madeleine. Échauffé, Cadet ordonne à sa femme de le renvoyer. La discussion s'envenime, Cadet manque de frapper Madeleine mais avec fermeté, la jeune femme finit par le faire sortir avant d'aller se recueillir. De retour des champs, François pense que le maître est ruiné et promet de s'occuper de Jeannie et d'elle.

Chapitre 10

Afin que son époux la laisse tranquille, Madeleine fait comprendre à François qu'il doit partir. Il doit se faire louer mais loin, afin de ne pas encore s'attirer les foudres de Cadet Blanchet. François refuse de partir car dès lors il ne pourra plus aider et protéger sa bienfaitrice. Madeleine refuse quant à elle de lui donner la véritable raison de ce départ. Ils se font leurs adieux. Le lendemain, François s'en va. Cadet revient et décide de trouver un autre valet, mais Madeleine se montre de plus en plus ferme et distante envers son époux.

Chapitre 11

François s'est trouvé du travail chez un cultivateur. Madeleine s'ennuie depuis son départ : les discussions et les attentions qu'il avait à son égard lui manque. Elle commence à dépérir. Son époux la houspille d'abord avant de lui trouver de la compagnie, sa plus jeune sœur Mariette. De son côté, François tombe aussi malade mais par souci pour ses employeurs, se rétablit vite. Cependant, le travail ne lui fait pas oublier Madeleine. Il cherche alors à se renseigner sur la santé de sa mère de cœur.

Chapitre 12

Trois ans ont passé. François travaille toujours chez le même homme, Jean Vertaud. Ce dernier a remarqué le manque de gaieté du Champi mais l'apprécie beaucoup François.

Chapitre 13

Jean Vertaud veut savoir si son employé a quelque sentiment pour une fille du pays. Le jeune homme finit par raconter son histoire, parlant de son enfance et de Madeleine. Même s'il venait à se marier, il s'est engagé à toujours aider sa bienfaitrice. Ses paroles renforcent l'estime de Jean Vertaud, qui souhaite le voir épouser sa fille. Celle-ci est éprise de François mais il refuse cet amour.

Chapitre 14

François apprend que sa mère est vivante et qu'il se nomme en réalité François la Fraise, nom civil lors de sa découverte. Souhaitant demeurer inconnue, sa mère sait cependant où il vit et lui envoie de l'argent. Mais il ne doit parler de cet argent qu'à la femme qu'il aime. Alors qu'il pense épouser la fille de son employeur, Jeannette, il apprend la mort de Cadet Blanchet.

Chapitre 15

François décide de retourner au pays. Avant de partir, il trouve un autre ouvrier pour le remplacer chez Jean Vertaud. Le chagrin de la fille de celui-ci lui fait de la peine mais le jeune homme pense avant tout à retrouver Madeleine afin de l'aider. Et surtout il ne veut pas laisser de faux espoirs à Jeannette. Mais la bâtisse du moulin a changé, suite aux endettements de Cadet Blanchet. Elle est délabrée et silencieuse.

Chapitre 16

Il est accueilli par Mariette Blanchet mais l'ignore, cherche Madeleine pour finalement la trouver très malade. Elle est tombée malade après s'être occupée de son mari mourant. François découvre alors que Mariette est la sœur du défunt mais qu'elle semble plus avenante. Elle prétend prendre soin de sa belle-sœur mais son allure gaie, moqueuse ne s'accorde pas avec ses paroles. Entre alors la servante Catherine.

Chapitre 17

François a tellement changé que Catherine ne le reconnaît pas tout de suite. Il ne s'en rend pas compte, absorbé dans ses pensées au sujet de sa bienfaitrice. Attentive envers son prochain, la voilà malade et peu soignée par sa belle-sœur. Madeleine se réveille, très affaiblie. Alors que Catherine, persuadée d'avoir un fou en face d'elle, est prête à mettre dehors François, Madeleine, elle, le reconnaît très vite.

Chapitre 18

Catherine et Mariette vont chercher Jeannie. Pendant ce temps, François promet à Madeleine de demeurer pour toujours au moulin et de l'aider dans le travail. Jeannie est aussi heureux que sa mère de revoir le Champi. Mariette est troublée par le jeune homme. Catherine apprend à François les manigances de madame Sévère, qui a ruiné le maître et continue de faire du mal. François décide de prendre les choses en main, il s'occupe de réparer le moulin pendant que Catherine veille la malade avant qu'il ne la remplace.

Chapitre 19

François s'intéresse ensuite à l'affaire d'argent que la maîtresse du défunt réclame. Cadet Blanchet a très mal géré ses affaires et à force de spéculations, a laissé sa famille sans le sou. Madame Sévère semble effectivement impitoyable. S'ensuit un discours de la part du narrateur sur la cupidité, la convoitise, sentiments qui mènent l'homme à sa perte. François décide de renverser la situation au détriment de madame Sévère.

Chapitre 20

Mariette se lève, déçue car le deuil ne lui permet pas de sortir comme avant. À la fois moqueuse et intéressée par le jeune homme, elle se vexe lorsqu'il lui fait la leçon : tout le monde se doit de travailler, y compris elle. Elle riposte : Catherine lui a assuré veiller la malade. D'abord réticente, elle finit par vouloir plaire à François, mais il n'est pas aveugle et comprend ce qu'elle veut. De plus, il a remarqué qu'elle est amie avec madame Sévère et ce en cachette de sa belle-sœur.

Chapitre 21

François surprend Mariette alors qu'elle va chez madame Sévère. Prise en flagrant délit, la jeune fille essaie de renverser la situation. La ramenant à la raison, François veut qu'elle amène madame Sévère à de meilleurs sentiments et qu'elle soit arrangeante. Mariette s'empresse de faire la commission et madame Sévère feint de vouloir réfléchir. François n'est pas dupe et décide de piéger la mauvaise femme. Il fait alors croire à Mariette que Madeleine ne veut plus la voir aller chez madame Sévère. Il prétend être d'accord avec elle. La jeune fille s'emporte, elle se réfugie chez madame Sévère.

Chapitre 22

Huit jours après, Madeleine est sommée de payer. François s'en charge, payant non seulement madame Sévère mais tous les autres créanciers de Cadet Blanchet. Mariette a bien remarqué qu'il ne s'intéresserait jamais à elle et est jalouse sa belle-sœur envers laquelle il se montre affectueux. Madame Sévère n'a donc aucun mal à lui monter la tête contre Madeleine et surtout contre le Champi, en prétendant notamment qu'ils ont été amants. Afin d'éloigner sciemment la jeune fille de sa famille, la mauvaise femme lui propose de se marier avec quelqu'un d'autre. Elle ignore que François a écouté toute la conversation.

Chapitre 23

Devant tant de méchanceté, François pense pour la première fois au mariage avec Madeleine. Il pourra ainsi la protéger tout en faisant taire les mauvaises langues. Or Madeleine le pense amoureux de sa belle-sœur et elle lui confie qu'elle serait heureuse de les voir se marier. François lui conseille de laisser Mariette épouser un autre homme. Sa bienfaitrice croit à une dispute d'amoureux et que c'est par dépit que Mariette se tourne vers quelqu'un d'autre. Devant un si grand malentendu, François s'enfuit, attristé.

Chapitre 24

Mariette veut se marier avec Jean Aubard, le prétendant que lui a présenté madame Sévère. Madeleine, ne souhaitant pas contrarier sa belle-sœur, accepte la venue de madame Sévère mais demande un délai de réflexion. Pour protéger la réputation de Mariette, elle refuse que celle-ci ne reparte avec son prétendant. Sa belle-sœur prétend obéir avant de s'enfuir. Madeleine comprend qu'elle a été trompée et devise avec François sur la jalousie de sa belle-sœur qu'elle ne comprend pas. François éprouve des sentiments de plus en plus forts à l'égard de Madeleine.

Chapitre 25

Amoureux transi, François s'adonne au chagrin mais Madeleine continue de se méprendre. Elle pense que le mariage de Mariette en est la cause. François décide de partir quelques jours chez son ancien maître. Là, il apprend que Jeannette va se marier. Confidente du jeune homme, cette dernière lui fait comprendre qu'il est bel et bien amoureux. Elle va alors jouer le rôle d'intermédiaire auprès de Madeleine à laquelle elle explique les sentiments que François a pour elle. Madeleine pense que François veut l'épouser par principe avant de comprendre la vérité. Elle découvre qu'elle l'aime aussi. Le même jour ont lieu le mariage de François et Madeleine, et celui de Jeannette.

LES RAISONS
DU SUCCÈS

En 1789 a lieu la Révolution Française. La monarchie s'effondre et laisse place à une république où règne bientôt la Terreur avec Robespierre. Ce dernier finit par être exécuté. En 1799, Napoléon Bonaparte fait un coup d'état en devenant Premier Consul puis empereur sous le nom de Napoléon Ier en 1804. Le Premier Empire va durer jusqu'en 1815 avec les guerres napoléoniennes. La défaite de Waterloo provoque l'échec et l'exil de l'empereur. Par la suite, de nombreux bouleversements politiques vont se dérouler pendant tout le XIXe siècle.

À l'époque de la Restauration, le régime monarchique reprend le pouvoir de 1815 à 1848 mais l'Ancien Régime a disparu. Il y a aura trois régents successifs, Louis XIII, Charles X, Louis-Philippe Ier.

De nombreuses familles de nobles se sont exilées suite aux conséquences de la Révolution Française. L'aristocratie a ainsi perdu de sa prédominance, laissant place à une bourgeoisie travailleuse avec laquelle les différents régents doivent s'entendre. Charles X tente cependant de faire revenir la noblesse au pouvoir mais la pression sociale le fait abdiquer en faveur de Louis-Philippe Ier, qui accède au pouvoir en 1830.

Dernier roi de France, il règne jusqu'en 1848. Il se montre peu dépensier, et demeure modeste. Contrairement à son prédécesseur, il n'a pas l'intention de ramener la noblesse au pouvoir. Dès lors, la bourgeoisie a un poids politique qui se fait plus important. En outre, c'est sous le règne de ce roi que la première révolution industrielle a lieu. Née au début du XIXe siècle en Grande-Bretagne, cette révolution se répand dans toute l'Europe. La France a ainsi un fort développement économique et industriel, notamment dans les domaines du textile et de la métallurgie.

Cette révolution industrielle provoque l'exil des populations de la campagne pour la ville. Les gens se déplacent dans l'espoir de trouver du travail. Une nouvelle classe sociale naît, la classe ouvrière.

George Sand commence à écrire alors que le règne de Louis-Philippe Ier débute. Lorsqu'elle fait paraître *François le Champi* sous forme de feuilleton, le pouvoir est en train de s'effondrer. En effet, suite à une crise économique et à un gouvernement qui se veut conservateur et monarchique, Louis-Philippe Ier perd de son autorité. Il abdique en faveur de son petit-fils avant de s'exiler en Grande-Bretagne. Mais la Seconde République est instaurée le 24 février 1848 par l'Assemblée Nationale et le peuple français.

Sous l'Ancien Régime, la littérature était réservée à une élite, à savoir le milieu privilégié de la noblesse. Elle devient davantage accessible au XIXe siècle à un public plus diversifié. Il est certes moins cultivé et possède peu de moyens financiers. Le goût pour la littérature est né dans les campagnes comme en ville, avec le colportage et la lecture publique.

Le roman devient alors un genre prédominant. Il est plus facile d'accès de par son prix mais aussi de par la simplicité du contenu, pour un lectorat qui ne connaît rien à la littérature savante, à savoir le théâtre, la poésie.

Le roman-feuilleton apparaît alors dans la presse, qui est développée pour ce public. Emile de Grandin crée *La Presse* en 1835. De nombreux auteurs français, Alexandre Dumas, Gustave Flaubert, Honoré de Balzac, George Sand, font paraître leurs romans à travers des feuilletons.

L'écrivain acquiert un nouveau statut. Le mécénat a disparu avec l'Ancien Régime, l'écrivain peut alors acquérir des droits d'auteur et n'est plus contraint d'avoir des obligations envers le mécène, personne noble.

Un mouvement littéraire est en vogue au moment où

George Sand fait publier *François le Champi*, il s'agit du Romantisme. Ce mouvement conteste l'Antiquité et les règles strictes nées de cette époque. L'écrivain se tourne vers le passé, de préférence à l'époque du Moyen-Âge, considérée comme sombre, maléfique. Certains, comme René de Chateaubriand ou Germaine de Staël, s'adonnent à la nostalgie d'une époque passée. Chateaubriand est issu d'une famille aristocratique exilée et il ne peut que constater les grands changements sociaux. Il s'agit également de laisser libre cours à ses sentiments et le « je » devient un moyen d'expression. Jean-Jacques Rousseau est un de ces auteurs qui s'expriment beaucoup de manière individualiste, son expression devient même lyrique, notamment dans ses *Confessions* et ses *Rêveries*.

Le Romantisme commence à s'installer en 1815, suite à l'effondrement du Premier Empire. Le poète est de plus en plus tourmenté, plus exalté, plus nostalgique, s'estimant incompris. Alphonse de Lamartine, Victor Hugo, Alfred de Vigny sont des auteurs dit romantiques. Lorsque l'Académie refuse les *Odes* de Victor Hugo, cela provoque une bataille entre les artistes qui prônent les auteurs de l'Antiquité et ceux qui souhaitent un renouveau, un changement.

Le drame romantique naît avec *Henri III et sa cour* d'Alexandre Dumas, *Othello* d'Alfred de Vigny, *Hernani* de Victor Hugo.

D'autres auteurs se font un nom, Théophile Gautier, Alfred de Musset, George Sand, etc. Le Romantisme va ainsi régner jusque dans les années 1840 et son déclin se fera au bénéfice du Réalisme.

Le roman social apparaît dans les années 1840. Deux grands auteurs se sont consacrés à ce sous-genre romanesque, George Sand et Victor Hugo. L'une écrit de nombreux romans sociaux et champêtres, l'autre travaille sur la fresque historique des *Misérables*, qui paraît en 1862. *François le Champi* est un roman social et champêtre. Avec *La Petite Fadette* et *La Mare au Diable*, ce roman décrit, avec un certain idéalisme, la vie à la campagne. Lorsqu'il paraît en décembre 1847 sous forme de feuilleton, il est très bien accueilli.

Deux ans plus tard, George Sand va même en écrire une pièce de théâtre en trois actes, qui sera représentée au théâtre de l'Odéon à partir du mois de novembre. Cette pièce de théâtre reçoit selon François Rollinat, un accueil chaleureux. Il en informe lui-même George Sand : « Mon amie, le succès du *Champi* a été immense : on a été ému, on a ri, on a pleuré, on a demandé le nom de l'auteur qui a été proclamé au milieu d'unanimes applaudissements. Ce succès est d'autant plus complet qu'il est dû [...] au charme et à l'incomparable simplicité de la pièce [...] »

George Sand a eu une enfance à la campagne, loin de sa mère et de la vie parisienne. Elle connaît donc la population rurale, en particulier la population berrichonne, ses mœurs et ses croyances. *La Mare au diable*, *François le Champi*, *Le Diable aux champs*, *Légendes Rustiques*, sont des romans champêtres, où l'auteur évoque ainsi les traditions des paysans à une période où elles sont en train de disparaître face à l'essor de la modernité et du progrès.

George Sand a innové un sous-genre romanesque, à savoir le roman champêtre. Elle semble être le seul auteur à avoir travaillé sur ce sous-genre. À travers une intrigue amoureuse et un cadre idyllique, elle décrit une situation sociale très connue dans les campagnes : l'abandon d'enfants dans les champs. Connus sous le surnom de champis, ces enfants sont peu estimés dans la société rurale. Elle fait également ressortir une morale.

LES THÈMES PRINCIPAUX

Dans *François le Champi*, nous retrouvons deux thèmes qui sont liés, la religion et le statut de la femme. Trois femmes vont avoir un rôle important dans ce roman. Il s'agit de Madeleine Blanchet, madame Sévère et Mariette Blanchet.

Madeleine Blanchet est un des personnages principaux du roman. Dès le début, elle est décrite de manière très positive en tant qu'épouse : « Une très jolie femme, d'un fier courage, et renommée pour sa douceur et son bon sens. » (Chap. 1) ; « Jolie et nullement coquette, on lui en faisait compliment en tous endroits. » Son mari, Cadet Blanchet, la sait « laborieuse » et pour lui, elle vaut « son pesant d'or ». (Chap. 2) Grâce à elle, il ne rencontre aucun problème financier et il la sait fidèle et sage.

Mais son comportement exemplaire en tant qu'épouse lui attire la jalousie de sa belle-mère : « Cela causait un peu de jalousie à la mère Blanchet, et elle s'en vengeait par de petites tracasseries que Madeleine supportait en silence et sans jamais s'en plaindre à son mari. [...] et jamais on ne vit à cet égard de femme plus patiente et plus raisonnable que Madeleine. »

C'est également une mère. Jeune maman d'un petit Jeannie, elle se consacre à son éducation : « Pourtant elle soignait sa santé et s'ordonnait le courage, parce qu'elle sentait que son enfant ne serait heureux que par elle, et qu'elle acceptait tout en vue de l'amour qu'elle lui portait. » (Chap. 2) La jalousie de sa belle-mère et les infidélités de son époux rendent la jeune femme malheureuse mais elle tient son rôle maternel : « Pendant qu'il menait cette vilaine vie, sa femme, toujours sage et douce, gardait la maison et élevait avec amour leur unique enfant. » (Chap. 4)

Elle se retrouve aussi à aider le jeune champi François

à survivre en secret de la radinerie de son époux et de sa belle-mère. Elle va également l'adopter afin de l'aider à s'en sortir. Si le jeune François, devenu adulte, est un personnage aussi beau moralement que physiquement, c'est grâce à Madeleine, qui lui a épargné les problèmes que rencontrent les enfants champis : « Il avait rencontré Madeleine dont la charité était plus grande et les idées plus humaines que celles de tout le monde. » (Chap. 10) Elle tient jusqu'au bout son rôle de mère envers François le Champi qu'elle considère comme son enfant de cœur, même lorsque Cadet Blanchet décide de renvoyer ce dernier par jalousie : « Tous les enfants quittent leur mère [...] Tu feras donc comme les autres, et moi j'aurai du chagrin comme en ont toutes les mères, je pleurerai, je penserai à toi, je prierai Dieu matin et soir pour qu'il te préserve du mal... » (Chap. 10)

Personne altruiste, elle nourrit son petit monde en travaillant et en se retrouvant à gérer peu à peu le domaine. Cadet Blanchet, qui a pris une maîtresse, est en effet trop occupé à batifoler et laisse son épouse endosser les responsabilités du maître de maison. Madeleine va cependant jusqu'à se priver pour que les autres ne manquent de rien : « Et pourtant, comme elle voulait que son monde ne souffrît pas de sa charité, elle s'accoutumait à ne manger presque rien, à ne jamais se reposer, et à dormir le moins possible. » (Chap. 7) « Elle essaya encore un peu de faire revenir Mariette, mais elle en fut si mal reçue qu'elle en perdit courage, et se tint coi, bien angoissée de cœur, mais ne voulant en rien faire paraître, crainte d'augmenter le mal d'autrui. » (Chap. 25)

La jeune femme fait également preuve de grande indulgence envers sa belle-sœur : « Si Mariette aime à se faire belle, c'est qu'elle veut te plaire. Si elle est un peu fainéante depuis un tour de temps, c'est qu'elle pense trop à toi […].» (Chap. 23) Elle tient également à préserver l'honneur de sa belle-sœur : « Madeleine voulut dire qu'il ne convenait point à une jeune fille d'aller avec un garçon qui n'avait point encore reçu parole de sa parenté. » (Chap. 24)

Madeleine Blanchet supporte la vie et ses contraintes avec résignation, douceur, patience. Ses sentiments sont inspirés par sa fervente dévotion en Dieu. Si elle accepte son mariage malheureux, les tracasseries de la vie quotidienne, les jalousies des autres femmes, c'est parce qu'elle a la foi : « Madeleine avait remis son âme à Dieu, et, trouvant inutile de se plaindre, elle souffrait comme cela lui était dû. » (Chap. 2) « Dieu lui avait fait une grande grâce en lui ayant permis d'apprendre à lire et de comprendre ce qu'elle lisait. » (Chap. 4) En chrétienne accomplie, elle accepte les épreuves qu'elle doit endurer : « Quand même le bon Dieu permettrait cela, dit Madeleine, il faut savoir souffrir ce qu'on ne peut empêcher. Il faut surtout ne pas empirer son mauvais sort en regimbant contre. » (Chap. 10)

Elle trouve du réconfort en la religion : « Sitôt qu'elle y fut, elle se mit à deux genoux pour faire une bonne prière, dont elle avait grand besoin, et dont elle espérait grand confort [...]. » (Chap. 9) La jeune femme accepte sa mort avec sérénité, notamment lorsqu'elle tombe gravement malade après avoir soigné son mari pendant des jours : « Ah ! Je remercie le bon Dieu, François, et je veux bien mourir à présent si c'est sa volonté, car voilà tous mes enfants élevés, et j'aurai pu leur dire adieu. » (Chap. 17)

Lorsque Cadet Blanchet, jaloux et colérique, lui reproche sa proximité avec François devenu adulte, la jeune femme ne se défend pas d'abord, seul son ressenti se lit sur son visage : « La vertu était écrite sur la figure de sa femme comme une prière dans un livre d'Heures. » (Chap. 9) Les insultes émises par son mari à son égard la rendent malheureuse : « Sur quoi elle lui répondit plus haut qu'elle n'avait coutume, qu'il était bien le maître de renvoyer chez lui qui bon lui semblait, mais non d'offenser ni d'insulter son honnête femme, et qu'elle s'en plaindrait au bon Dieu et aux saints du paradis. » (Chap. 9)

Madeleine Blanchet, par son comportement chrétien, a un rôle de conseillère, de guide spirituelle. Aux yeux de son fils de cœur, elle apparaît même comme une intermédiaire entre Dieu et lui-même : « Donnez-moi votre bénédiction, Madeleine, comme vous me l'avez donnée le jour de ma première communion. Il me la faut pour avoir la grâce de Dieu. » (Chap. 10)

Elle échoue cependant à sauver son époux Cadet Blanchet ; « Et si vous n'avez point d'humanité, pensez à vous-même et aux suites qu'une mauvaise action peut donner à la vie d'un homme. Depuis longtemps, mon mari, vous menez mal la vôtre, et vous allez croissant de train et de galop dans un mauvais chemin [...]. » (Chap. 9)

Elle ne réussit pas non plus à aider sa jeune belle-sœur, Mariette, qui subit l'influence néfaste de madame Sévère : « Cette fille ne m'aime point et son cœur est ingrat. [...] Elle a écouté les mauvais conseils, et je suis condamnée à voir cette malheureuse Sévère porter le chagrin et la malice dans ma famille. » (Chap. 24) « Tant pis pour Mariette si elle méconnaît le bonheur que je lui aurais donné. » (Chap. 24) Ces deux personnages sont trop tournés vers la luxure et la tentation pour écouter Madeleine.

Mais son côté vertueux est vivement critiqué par Mariette : « Est-on malhonnête parce qu'on n'est pas toute la journée à coudre, à filer et à dire des prières ? » (Chap. 21) « Ah bien oui ! Voilà bien ces dévotes qui trouvent du mal à tout, parce qu'elles ne sont effrontées que devant Dieu ! » (Chap. 22) La demoiselle est en effet très influencée par la maîtresse de son défunt frère et très jalouse de l'attachement que François a envers

Madeleine.

Peu attiré par les femmes de peu de vertu comme Mariette ou madame Sévère, François finit par comprendre qu'il est amoureux de sa bienfaitrice et mère de cœur : « Enfin, elle était si belle et si aimable dans son idée, si au-dessus de lui et si à désirer, que, quand elle disait qu'elle était hors d'âge et de beauté, [...] Vous aimez Madeleine Blanchet, non pas tout bonnement comme une mère, mais bien bellement comme une femme qui a de la jeunesse et de l'agrément. » (Chap. 25)

Si Madeleine ne comprend d'abord pas l'amour que François peut lui porter, c'est parce qu'elle a vécu avec sagesse, vertu : « Mais Jeannette lui fit connaître que le champi était amoureux d'elle, [...] Ce que Madeleine ne pouvait imaginer, car elle avait vécu en si grande sagesse et retenue, ne se faisant jamais belle, ne se montrant point hors de son logis et n'écoutant aucun compliment, qu'elle n'avait plus idée de ce qu'elle pouvait paraître aux yeux d'un homme. » (Chap. 25)

Si Madeleine paraît aussi belle aux yeux de François, c'est par sa vertu, sa douceur, sa bonté. Le calvaire de la jeune femme prend fin lorsqu'elle épouse François, avec lequel l'avenir semble prometteur.

Madeleine Blanchet est dotée de qualités à la fois morales et physiques, même si son caractère est mis en avant quant à sa beauté, celle-ci ne fait que renforcer sa personnalité. Mère, amie, finalement épouse de François, elle tient à ses principes jusqu'au bout. La foi la ramène donc à un statut de femme dévouée, altruiste et sereine. Elle a une image de femme sainte.

Deux autres femmes, importantes de par leur rôle dans l'histoire, ne font que valoriser le personnage de Madeleine.

Il s'agit de madame Sévère et Mariette Blanchet.

Madame Sévère est la maîtresse attitrée de Cadet Blanchet. Au début du roman, elle est citée en tant que « concubine » (Chap. 4) qui a une grande influence sur lui et l'amène à l'entretenir. Sa personnalité est ensuite décrite dans le chapitre 7 : « On ne peut pas dire qu'elle fût méchante, car elle était d'humeur réjouissante et sans souci, mais elle rapportait tout à elle, et ne se mettait guère en peine du dommage des autres, pourvu qu'elle fût brave et fêtée. [...] Elle était encore très belle femme et très avenante, vive quoique corpulente, et fraîche comme une guigne. » Il s'agit donc d'une belle femme qui a tendance à être égoïste et personnelle.

Elle est cependant oisive, plus adonnée à recevoir, s'amuser, profiter de la vie. Cadet Blanchet sait qu'il ne peut compter sur elle pour s'occuper de son domaine et repose ainsi ses espoirs sur son épouse.

Son allure déplaît fortement au Champi, qui sait qu'elle est la source de souffrances de sa mère de cœur, Madeleine Blanchet : « Il lui trouvait un air hardi, et elle lui faisait l'effet d'être laide et méchante, quoiqu'elle ne fut ni l'une ni l'autre ; du moins la méchanceté ne lui venait que quand on la contrariait dans ses intérêts ou dans son contentement d'elle-même. [...] Mais dans l'idée du champi, ce n'était qu'une diablesse qui réduisait madame Blanchet à vivre de peu et à travailler au-dessus de ses forces. » (Chap. 7) Alors que Madeleine se voit accéder à un statut de sainte, madame Sévère est comparée au Diable.

Les adjectifs se rapportant par la suite à ce personnage féminin ne sont guère valorisants. Elle se rapporte toujours au diable, comme lorsqu'elle trouve de François qu'il est « diablement beau garçon » (Chap. 7). Ses manipulations pour le séduire apparaissent comme un « mauvais sort ». Elle incarne la figure du diable lorsqu'elle veut « enjôler le jeune homme avec ses paroles » (Chap. 8). Elle est l'image-même de la séduction, de la tentation.

Ses manœuvres échouent cependant face à François. Elle devient alors tout autre et se révèle manipulatrice : « La Sévère commença d'enrager [...] Et la voilà d'essayer de le tromper, et de le pousser sur la gauche quand il voulait prendre à droite. » (Chap. 8) François garde ses distances. Dès lors, la Sévère a « de grands soucis de revengement. » (Chap. 9) La jalousie, voilà le sentiment qui l'incite à mettre la pagaille dans le couple Blanchet.

Jalouse de Madeleine, elle essaie de la mettre sur la paille et de détruire sa vie : « La Sévère n'était pas encore venue au point de vouloir la ruine de Madeleine plus que l'argent de ses billets. » (Chap. 21) « Elle avait toujours détesté Madeleine Blanchet, pour l'estime que malgré lui son mari était obligé d'en faire. » (Chap. 21)

Elle est considérée comme « une mauvaise amie » pour Mariette (Chap. 22). Elle réussit à discréditer Madeleine auprès de la demoiselle et intéressée, lui propose un mariage avec un ami. Ce dernier a promis à madame Sévère de lui faire « un gros cadeau de noces ».

La manière d'être de cette femme égoïste, narcissique, intéressée, n'est citée que de manière négative. Elle se rapporte ainsi aux péchés capitaux et donc au Diable.

Le personnage de Mariette, sœur de Cadet Blanchet, apparaît au départ comme un personnage positif. Madeleine dépérit depuis le départ de François, son époux décide de faire venir Mariette, qui lui tiendra compagnie : « Mariette Blanchet lui plut tout d'abord [...] Elle pensait qu'un bon esprit et un bon cœur vont toujours de compagnie avec une belle figure. » (Chap. 11)

Cependant, cette jeune demoiselle a beau être belle, sa beauté n'est pas la même que celle de Madeleine, qui en est inconsciente. Madeleine veut travailler et nourrir son petit monde qui passe avant elle-même. Mariette, quant à elle, veut plaire, elle est donc tournée vers le charme, l'artifice, l'oisiveté. Intéressée surtout par les choses futiles, elle est gâtée par son frère et sa belle-sœur : « Jusqu'à l'heure, c'est sans malice et sans idée de grand'chose. Ca aime la toilette, les coiffes à dentelle et la danse. Ca n'est pas intéressée, et c'est si gâté et si bien traité par Madeleine, que ça n'a pas eu sujet de montrer si ça avait des dents. » (Chap. 18)

Son apparence est des plus soignées : « Sa coiffe était bien fine, bien plissée et bien épinglée ; ses cheveux, qu'elle portait un peu à la mode des artisanes, étaient bien reluisants, bien peignés, bien tirés en alignement ; ses mains étaient bien blanches et son tablier pareillement pour une garde-malade. Parfin elle était beaucoup jeune, pimpante et dégagée pour penser jour et nuit à une personne hors d'état de s'aider elle-même. » (Chap. 15) L'auteur se montre ironique envers ce personnage. Mariette a beau être bien vêtue et bien soignée de sa personne, elle n'est nullement travailleuse.

La demoiselle ne s'occupe que peu de sa belle-sœur pourtant malade avant le retour de François. Elle semble également indifférente à la mort de son frère. François le remarque de lui-même : « Et voilà cette jeunesse qui est la sœur et l'enfant gâté du défunt, à ce j'ai ouï dire, qui ne montre pas grand souci sur ses joues. Si elle a été fatiguée et si elle a pleuré, il n'y paraît guère, car elle a l'œil serein et clair comme un soleil. [...] Il n'avait encore jamais vu si fraîche et si gaillarde beauté. » (Chap. 17)

Sûre de sa personne, Mariette est très coquette et aime avoir une cour de galants à ses pieds : « Elle allait tous les jours se promener du côté de Dollins, où résidait la Sévère, [...] à cause surtout qu'elle y rencontrait du jeune monde de sa connaissance et des bourgeois qui lui contaient fleurette. [...] Mais elle se plaisait aux compliments et en avait soif comme une mouche du lait. »

« La pauvrette avait un grand souci. C'est que ce deuil l'empêcherait, pour un temps, d'aller danser dans les assemblées, et que tous ses galants allaient être en peine d'elle ; elle avait si bon cœur qu'elle les en plaignait grandement. » (Chap. 20)

« Elle n'était pas fille à se dessécher de chagrin, non plus qu'à se fondre en larmes ; [...] et que tout cela n'était point pour elle, qui pouvait se dire la plus belle et la plus riche de l'endroit, et qui remuait ses amoureux à la pelle. » (Chap. 22)

L'auteur se montre toujours ironique envers une demoiselle qui a souci de plaire et de se faire courtiser sans penser à son honneur. Elle n'est pas vertueuse.

C'est également une demoiselle capricieuse, qui se préoccupe avant tout de sa personne, tout comme son amie madame Sévère : « Il surprit dans la mignonne figure de cette mignonne jeunesse une retirance assez marquée de la figure chagrinante du défunt meunier. [...] l'air de Mariette qui était plutôt d'une personne qui se moque que d'une qui se fâche, et d'une qui ne craint rien [...]. » (Chap. 16)

« Alors la petite, qui n'avait que le plaisir en tête, faisait des caresses à son frère et la moue à Madeleine, qui était bien obligée de céder. » (Chap. 20)

La jeune fille est en effet influencée par la Sévère, figure de la tentation : « Et surtout fermez vos oreilles à l'ennemie de la maison, qui est madame Sévère, une mauvaise âme, croyez-moi. » (Chap. 20)

« Sa cervelle avait pris feu tout ce désarroi de famille, et la pauvre enfant était tentée du diable. » (Chap. 22) Elle va fuir sa belle-sœur, dont le côté vertueux paraît ennuyeux à côté des promesses de la vie sociale : « Elle s'en alla rejoindre la Sévère et le galant au bout du pré, en riant et en faisant insolence contre Madeleine. » (Chap. 24)

Contrairement à François, Mariette n'a reçu aucune éducation chrétienne et, adonnée à la coquetterie, elle est plus facilement tentée.

L'auteur met en avant deux types extrêmes du personnage féminin. L'un est influencé par la religion, l'autre, par la tentation. Cela amène une moralité à l'ouvrage et confère au personnage de Madeleine, un statut de femme exemplaire.

ÉTUDE DU MOUVEMENT LITTÉRAIRE

Une Académie Nationale est créée en 1804 par Jacques Cambry. Il s'agit d'une Académie Celtique où on s'intéresse aux ancêtres celtes et gaulois, à leur histoire, leurs traditions, etc. Cette académie change de nom en 1813 et devient la Société des Antiquaires de France. Cela commence sous le règne de Charles X, où les membres de la société procèdent à des recherches actives sur les langues, la géographie et l'histoire, les arts, les croyances celtiques et gauloises, mais également grecques, romaines, médiévales.

Des sociétés de ce même genre vont se répandre dans toute la France, afin que l'histoire de ce pays soit révélée. La culture paysanne devient importante aux yeux de ces ethnologues, car elle porte la culture orale, transmise depuis des générations. Il s'agit donc de retranscrire le plus précisément possible les mœurs des populations de la campagne. L'être humain se fait anthropologue dans une société où la modernité domine au détriment du rural.

En 1844, le journal *L'Illustration* se lance dans une enquête sur les coutumes françaises et principalement rurales. Il s'agit de sauver l'histoire d'un peuple menacé par la révolution industrielle. En se tournant vers le roman social et en particulier le roman champêtre, les écrivains commencent ainsi à s'engager, militants en faveur des classes sociales pauvres et oubliées. Il s'agit donc d'une littérature populaire avec une intrigue qui se déroule dans les milieux ruraux ou ouvriers. Les protagonistes sont issus de ces milieux sociaux.

Le roman champêtre est un sous-genre romanesque peu pratiqué même s'il est très apprécié par la bourgeoisie de l'époque, notamment du fait de sa morale. L'intrigue amoureuse passe au second plan au profit de cette morale. Les thèmes sont la vertu, la sagesse, la patience, la résignation, englobés sous un thème dominant, celui de la religion.

DANS LA MÊME COLLECTION
(par ordre alphabétique)

- **Anonyme**, *La Farce de Maître Pathelin*
- **Anouilh**, *Antigone*
- **Aragon**, *Aurélien*
- **Aragon**, *Le Paysan de Paris*
- **Austen**, *Raison et Sentiments*
- **Balzac**, *Illusions perdues*
- **Balzac**, *La Cousine Bette*
- **Balzac**, *La Femme de trente ans*
- **Balzac**, *Le Colonel Chabert*
- **Balzac**, *Le Lys dans la vallée*
- **Barbey d'Aurevilly**, *L'Ensorcelée*
- **Barbey d'Aurevilly**, *Les Diaboliques*
- **Bataille**, *Ma mère*
- **Baudelaire**, *Les Fleurs du Mal*
- **Baudelaire**, *Petits poèmes en prose*
- **Beaumarchais**, *Le Barbier de Séville*
- **Beaumarchais**, *Le Mariage de Figaro*
- **Beauvoir**, *Mémoires d'une jeune fille rangée*
- **Beckett**, *En attendant Godot*
- **Beckett**, *Fin de partie*
- **Brecht**, *La Noce*
- **Brecht**, *La Résistible ascension d'Arturo Ui*
- **Brecht**, *Mère Courage et ses enfants*
- **Breton**, *Nadja*
- **Brontë**, *Jane Eyre*
- **Camus**, *L'Étranger*
- **Carroll**, *Alice au pays des merveilles*
- **Céline**, *Mort à crédit*

- **Céline**, *Voyage au bout de la nuit*
- **Chateaubriand**, *Atala*
- **Chateaubriand**, *René*
- **Chrétien de Troyes**, *Perceval*
- **Cocteau**, *La Machine infernale*
- **Cocteau**, *Les Enfants terribles*
- **Colette**, *Le Blé en herbe*
- **Corneille**, *Le Cid*
- **Crébillon fils**, *Les Égarements du cœur et de l'esprit*
- **Defoe**, *Robinson Crusoé*
- **Dickens**, *Oliver Twist*
- **Du Bellay**, *Les Regrets*
- **Dumas**, *Henri III et sa cour*
- **Duras**, *L'Amant*
- **Duras**, *La Pluie d'été*
- **Duras**, *Un barrage contre le Pacifique*
- **Flaubert**, *Bouvard et Pécuchet*
- **Flaubert**, *L'Éducation sentimentale*
- **Flaubert**, *Madame Bovary*
- **Flaubert**, *Salammbô*
- **Gary**, *La Vie devant soi*
- **Giraudoux**, *Électre*
- **Giraudoux**, *La Guerre de Troie n'aura pas lieu*
- **Gogol**, *Le Mariage*
- **Homère**, *L'Odyssée*
- **Hugo**, *Hernani*
- **Hugo**, *Les Châtiments*
- **Hugo**, *Les Contemplations*
- **Hugo**, *Les Misérables*
- **Hugo**, *Notre-Dame de Paris*
- **Huxley**, *Le Meilleur des mondes*
- **Jaccottet**, *À la lumière d'hiver*
- **James**, *Une vie à Londres*

- **Jarry**, *Ubu roi*
- **Kafka**, *La Métamorphose*
- **Kerouac**, *Sur la route*
- **Kessel**, *Le Lion*
- **La Fayette**, *La Princesse de Clèves*
- **Le Clézio**, *Mondo et autres histoires*
- **Levi**, *Si c'est un homme*
- **London**, *Croc-Blanc*
- **London**, *L'Appel de la forêt*
- **Maupassant**, *Boule de suif*
- **Maupassant**, *Le Horla*
- **Maupassant**, *Une vie*
- **Molière**, *Amphitryon*
- **Molière**, *Dom Juan*
- **Molière**, *L'Avare*
- **Molière**, *Le Malade imaginaire*
- **Molière**, *Le Tartuffe*
- **Molière**, *Les Fourberies de Scapin*
- **Musset**, *Les Caprices de Marianne*
- **Musset**, *Lorenzaccio*
- **Musset**, *On ne badine pas avec l'amour*
- **Perec**, *La Disparition*
- **Perec**, *Les Choses*
- **Perrault**, *Contes*
- **Prévert**, *Paroles*
- **Prévost**, *Manon Lescaut*
- **Proust**, *À l'ombre des jeunes filles en fleurs*
- **Proust**, *Albertine disparue*
- **Proust**, *Du côté de chez Swann*
- **Proust**, *Le Côté de Guermantes*
- **Proust**, *Le Temps retrouvé*
- **Proust**, *Sodome et Gomorrhe*
- **Proust**, *Un amour de Swann*

- **Queneau**, *Exercices de style*
- **Quignard**, *Tous les matins du monde*
- **Rabelais**, *Gargantua*
- **Rabelais**, *Pantagruel*
- **Racine**, *Andromaque*
- **Racine**, *Bérénice*
- **Racine**, *Britannicus*
- **Racine**, *Phèdre*
- **Renard**, *Poil de carotte*
- **Rimbaud**, *Une saison en enfer*
- **Sagan**, *Bonjour tristesse*
- **Saint-Exupéry**, *Le Petit Prince*
- **Sarraute**, *Enfance*
- **Sarraute**, *Tropismes*
- **Sartre**, *Huis clos*
- **Sartre**, *La Nausée*
- **Senghor**, *La Belle histoire de Leuk-le-lièvre*
- **Shakespeare**, *Roméo et Juliette*
- **Steinbeck**, *Les Raisins de la colère*
- **Stendhal**, *La Chartreuse de Parme*
- **Stendhal**, *Le Rouge et le Noir*
- **Verlaine**, *Romances sans paroles*
- **Verne**, *Une ville flottante*
- **Verne**, *Voyage au centre de la Terre*
- **Vian**, *J'irai cracher sur vos tombes*
- **Vian**, *L'Arrache-cœur*
- **Vian**, *L'Écume des jours*
- **Voltaire**, *Candide*
- **Voltaire**, *Micromégas*
- **Zola**, *Au Bonheur des Dames*
- **Zola**, *Germinal*
- **Zola**, *L'Argent*
- **Zola**, *L'Assommoir*

- **Zola**, *La Bête humaine*
- **Zola**, *Nana*
- **Zola**, *Pot-Bouille*